AF391071

Vente du Lundi 10 Décembre 1894

A DEUX HEURES

HOTEL DROUOT, SALLE N° 6

MEUBLES & BRONZES

ANCIENS ET DE STYLE

Beau Meuble de Salon style Louis XVI
en tapisserie d'Aubusson
Autres Meubles de Salon et de Cabinet de travail
en noyer, bois noir et marqueterie
Piano droit, Meubles de fantaisie, Glaces

CANDÉLABRES, AIGUIÈRES, STATUETTES ET PENDULES

Lustre style Louis XV. Suspension de Gagneau

TABLEAUX ANCIENS & MODERNES

MARBRES

ONZE TAPISSERIES ANCIENNES

Rideaux, Tapis d'Aubusson, Garnitures de Sièges

EXPOSITION PUBLIQUE

Le Dimanche 9 Décembre 1894

De 2 heures à 5 heures

COMMISSAIRE-PRISEUR	EXPERT
Me Frédéric LECOCQ	M. B. LASQUIN
Rue Richer, 41	Rue Laffitte, 12

PARIS — 1894

IMPRIMERIE MAULDE et RENOU

A. MAULDE & Cⁱᵉ

IMPRIMEURS DE LA COMPAGNIE DES COMMISSAIRES-PRISEURS

Rue de Rivoli, 144

CATALOGUE

DE

MEUBLES & BRONZES

ANCIENS ET LE STYLE

Beau Meuble de Salon style Louis XVI
en tapisserie d'Aubusson
Autres Meubles de Salon et de Cabinet de travail
en noyer, bois noir et marqueterie
Piano droit, Meubles de fantaisie, Glaces

CANDÉLABRES, AIGUIÈRES, STATUETTES ET PENDULES

Lustre style Louis XV, Suspension de Gagneau

TABLEAUX ANCIENS & MODERNES

MARBRES

ONZE TAPISSERIES ANCIENNES

Rideaux, Tapis d'Aubusson, Garnitures de Sièges

DONT LA VENTE AURA LIEU

HOTEL DROUOT — SALLE N° 6

Le Lundi 10 Décembre 1894

A DEUX HEURES

Par le ministère de M° **Frédéric LECOCQ**, Commissaire-Priseur
rue Richer, 41

Assisté de **M. B. LASQUIN**, Expert, rue Laffitte, 12

EXPOSITION PUBLIQUE

Le Dimanche 9 Décembre 1894, de 2 heures à 5 heures et demie

PARIS — 1894

CONDITIONS DE LA VENTE

—

Elle sera faite au comptant.

Les Acquéreurs paieront CINQ POUR CENT en sus des enchères.

A. MAULDE et Cᵢᵉ, imprimeurs de la Compagnie des Commissaires-Priseurs,
rue de Rivoli, 144.   400—46692

DÉSIGNATION

MEUBLES

1 — Bel Ameublement de salon de style Louis XVI, en bois finement sculpté, laqué en vert avec ornements en dorure, garni de tapisserie d'Aubusson à sujets pastoraux, animaux et paysages; il est composé d'un Canapé, deux Fauteuils et quatre Chaises.

2 — Quatre Cantonnières en tapisserie d'Aubusson de style Louis XVI, avec galerie en bois doré.

3 — Console de même style en bois sculpté, laqué et ornements dorés.

4 — Bibliothèque en noyer à deux portes vitrées, l'intérieur garni de peluche.

5 — Bureau ministre en noyer.

6 — Fauteuil de bureau en poirier teint en noir.

7 — Glace à encadrement en noyer.

8 — Deux Fauteuils confortables garnis en damas rose et vert.

9 — Chaise longue.

10 — Ameublement de salon de style Louis XVI, en bois noir sculpté, garni de velours frappé de chez ROLL; il est composé d'un Canapé, deux Fauteuils et quatre Chaises.

11 — Deux Garnitures de croisées de même étoffe que le meuble qui précède.

12 — Meuble d'entre-deux genre Boulle, en marqueterie de cuivre, orné de bronzes dorés.

13 — Piano droit de MAUPRETY, en bois noir.

14 — Glace à bordure dorée à feuillages.

15 — Table-pupitre genre Louis XV, décorée au vernis sur fond doré à figure pastorale et fleurs, garniture de bronze doré.

16 — Petite Toilette de même travail, surmontée d'un miroir.

17 — Petite Console applique Louis XIV en bois sculpté et doré.

18 — Glace dans un cadre Louis XVI en bois sculpté à feuilles de laurier.

BRONZES

19 — Deux beaux Candélabres formés chacun d'une figure de femme drapée debout, en bronze patiné, supportant une corne d'abondance d'où s'échappent trois lumières en bronze ciselé et doré, socle en marbre rouge et bronze.

20 — Joli Miroir dans un riche encadrement de bronze finement ciselé et doré, à pilastres cannelés, têtes de boucs, bandes de postes et frise de jeu d'enfants.

21 — Jardinière octogone en bronze doré avec ornements, appliques, couronnes, guirlandes et mascarons.

22 — **Deux Chenets** formés chacun d'une figure de femme assise, en bronze patiné.

23 — **Deux Aiguières** à piédouche d'un riche modèle à anse feuillagée, avec bandeau de rosaces, mascaron barbu et tête d'enfant en bronze finement ciselé et doré.

24 — Pendule Empire en bronze doré; Apollon charmant les animaux.

25 — Équerre d'arpenteur avec boussole en cuivre, gravé au nom de BUTTERFIELD, à *Paris*.

26 — **Deux** grands Vases en bronze japonais, décor d'oiseaux en relief.

27 — **Deux** Statuettes en bronze : Corneille et Molière debout sur des socles en marbre noir.

28 — **Deux** Statuettes en bronze, d'après MOREAU : Florence et Venise.

29 — Buste de Jeune Fille au papillon, bronze à patine brune.

30 — Pendule Empire, dont le mouvement entouré d'une couronne de lauriers est supporté par des sphynx en bois doré. Socle en marbre brocatelle et

jaune de Sienne avec bas-relief en bronze patiné vert.

31 — Deux Colonnettes en marbre rouge antique, surmontées de figurines d'empereurs romains en bronze.

32 — Vase en marbre fleur de pêcher sculpté, avec bouton de couvercle en bronze doré.

33 — Beau Lustre de style Louis XV à 18 lumières, en bronze ciselé et doré.

34 — Belle suspension de salle à manger en cuivre poli, de style flamand, de chez GAGNEAU.

35 — Intérieur de cheminée en cuivre et tôle pour charbon de terre.

36 — Deux Girandoles de style Régence à 7 lumières, sur trépied à sphinx en bronze verni.

37 — Deux Lampes en porcelaine et bronze.

38 — Pendule borne en marbre noir avec figure d'enfant et deux Candélabres à 5 lumières, en bronze et marbre griotte.

39 — Pendule en marbre noir et deux Candélabres à 4 lumières.

40 — Statuette d'Aristide en bronze, à patine brune.

41 — Pendule en marbre noir gravé.

42 — Statuette d'Enfant bacchant, en bronze doré.

43 — Statuette de l'Harmonie, en bronze doré.

PORCELAINES

44 — Deux Vases forme Médicis en porcelaine dorée du temps de l'Empire.

45 — Divers Plats en porcelaine du Japon.

46 — Plaque en faïence de Castelli représentant Madeleine.

47 — Quatre Consoles appliques en porcelaine décorée.

48 — Deux Vases et deux figures en porcelaine décorée.

TAPISSERIES

49-51 — Suite de trois Tapisseries de Flandre du xviie siècle, à sujets de paysages boisés avec oiseaux, bordures de fleurs, fruits et entrelacs. (Seront vendus séparément.)

52 — Grande Tapisserie d'Aubusson du xviie siècle, représentant les Muses dans un parc.

53 — Portière en tapisserie d'Aubusson, à paysage animé de deux lapins. Bordure de fleurs et médaillons.

54 — Tapisserie de Felletin avec draperie rouge formant tente. Bordure de fleurs.

55 — Tapisserie de Felletin à paysage et canard. Bordure d'ornements à cadre.

56 — Tapisserie gothique à figures de Centaure et de divers animaux sur fond de bordure à larges feuillages.

57 — Tapisserie d'Aubusson avec temple dans un parc.

58 — Tapisserie de Felletin (portière) à paysage avec kiosques. Bordure de fleurs.

59 — Panneau en tapisserie de Flandre, oiseaux dans des grands arbres.

60 — Portière en tapisserie verdure.

61 — Tapisserie de Flandre à sujet de verdure avec perroquets.

62 — Grand Tapis d'Aubusson à ornements de fleurs et oiseaux avec balustrade bordure grenat.

63 — Tapis en moquette à dessin Smyrne.

64 — Plusieurs Tapis en moquette rouge.

65 — Ecran en tapisserie au point Louis XIV : l'Enlèvement de Proserpine, dans une monture Empire en acajou.

66 — Quatre Garnitures de fauteuils en tapisserie au point de l'Époque Louis XIV, à figures et ornements variés.

TABLEAUX

67 — **Van Balen** et **Breughel**. Les quatre Éléments.

68 — **Van Balen** et **Breughel**. Vertumne et Pomone. (Deux pendants).

69 — **Boilly** (Signé). Portrait d'Homme en buste.

70 — **Bredael** (Van). Réunion de Bohémiens près d'une ville en ruines.

71 — **Breughel.** Les Moissonneurs.

72 — **Breughel** (Ecole de). Fête de Village.

73 — **Brunmer Lacoste.** Le Bénitier fleuri.

74 — **Corot** (D'après). Paysage, bord d'un lac. (Pastel.)

75 — **Defrance,** de Liège (Attribué à). L'Arbre de Mai.

76 — **Drouais** (Attribué à). Jeune Femme en corsage bleu orné d'une rose. (Pastel ovale.)

77 — **Frère** (Th.). Paysage d'Orient, coucher de soleil.

78 — **Goubeau.** Marché pris d'un aqueduc.

79 — **Gudin** (H.). Deux Marines.

80 — **Jordaens** (Attribué à). La Chasse au sanglier.

81 — **Moucheron.** Intérieur de parc avec statue.

82 — **Seghers.** Vierge et Jésus dans une couronne de fleurs.

83 — **Solimène.** Rebecca à la fontaine.

84 — **Verkolie** (Attribué à). Lucrèce.

85 — **Ecole française** (xviie siècle). Portrait d'un maréchal de camp en buste, forme ovale. Cadre Louis XIV.

86 — **Ecole espagnole.** La Vierge aux Anges.

MARBRES, BOIS SCULPTÉ

87 — Groupe *Le Printemps*, de Mathurin Moreau.

Haut. 0ᵐ85.

88 — Buste *Fiancée Vénitienne*, de C. Duval.

89 — Groupe bois sculpté *Vierge, Enfant Jésus et Saint Jean* (xviiiᵉ siècle).

90 — Sous ce numéro et les suivants seront compris les objets non portés au présent catalogue.

IMPRIMERIE A. MAULDE ET Cⁱᵉ

Rue de Rivoli, 144